님께

꼭 만나지 않아도
바람과 구름이 함께하는
공존의 자리처럼
편안하고 참 좋은 당신입니다

신현철

홀로 있어도 함께인 듯

신현철 세번째 시집

그림과책

| 시인의 말 |

 두 번째 시집 『바다로 간 시인』을 내고 5년 만에 세 번째 시집 『홀로 있어도 함께인 듯』을 엮게 되었다. 누구에게는 하찮을지라도 삶의 일부를 시의 품에 담았던 시간들. 그 시간을 일깨워준 어느 지인의 조언으로 세 번째 시집이 나오게 되었다.
 나에게도 상처와 그늘 좌절과 허무 이런 것이 나를 괴롭게 할 때도 있었지만 그것들을 검은 선그라스 뒤에만 존재시키고 살아온 것 같다. 이제 있는 그대로를 표출하며 새로운 삶을 살 듯 받은 은혜를 생각하며 가벼운 걸음으로 이 삭막한 도시의 길을 가는 나그네이고 싶다. 어느 누군가에게 내 시가 위로가 된다면 은혜를 받은 마음이 조금은 가벼워지지 않을까 생각한다. 아름다운 사람은 슬픔을 아는 사람이라 했던가. 하지만 슬픔의 향기가 나지 않길 바랄 뿐이다. 내가 걸어온 길이 많이 흔들렸던 것 같다. 하지만 주저앉지 않았다. 좋은 벗들이 함께해 주어 항상 감사함을 느낀다.
 끝으로 이 시집이 세상에 나올 수 있게 도움을 주신 모든 분들께 지면을 빌려 감사의 마음을 전합니다.

2022년 9월

신현철

차 례

5 시인의 말

1부

16 임 마중
17 그대는 목련
18 안부
19 어머니의 망각
20 고도
21 시인의 하루
22 담쟁이의 희망
23 감전
24 비와 그리움
25 이름 없는 돌
26 우리 어머니
27 3월 강에서
28 낮잠
29 여명
30 아침
31 그리움
32 기분 좋은 하루
33 상사화
34 그리움의 수채화
35 자부심
36 자화상
37 어느 봄 길

2부

40 동해의 일출
41 여름 바다
42 나리꽃
43 너를 기다리며
44 내 안의 그대는
45 유혹
46 이별 예감
47 무의도
48 그대 마음 안에서
49 홀로 있어도 함께인 듯
50 6월 아카시아꽃 필 무렵
51 약속
52 당신의 흔적
53 천년 후
54 어느 날
55 외사랑
56 비 내리는 날
57 둥지
58 새벽길
59 칠월의 섬
60 패션

61　서울 하늘
62　폭염
63　장마
64　나를 닮은 바다
65　8월
66　이 나이에
67　가슴에 별 하나
68　인생 거울
69　시사문단 낭송회를 가족이라 한다

3부

72 이른 아침
73 가을을 만난다
74 그대 가거든
75 그대 곁에
76 작은 출간식
77 낮달
78 너에게 가고 싶어서
79 그대를 놓으며
80 도시의 고독
81 별 그리고 나
82 아픈 이별 재회
83 그곳 무의도
84 그대 보내고 긴 세월
85 대나무
86 중년의 고독
87 만추
88 알밤 한 톨
89 현장
90 가을 산 바다
91 이별의 계절 끝자락에서

92　그대의 환상
93　새우구이
94　참 좋은 사람
95　운명과 합의

4부

98 촛대바위
99 술 한 잔의 미학
100 전깃줄을 타는 인생
101 마음의 여유
102 나의 인생
103 나는 새가 되리라
104 함께 한다는 거
105 상부상조
106 생명의 멜로디
107 지상이 꽃밭
108 소나무
109 냉정한 도시
110 해빙
111 한파
112 나는 남자다
113 코로나19
114 인생 1
115 인생 2
116 한 잔 나누고 싶은 사람
117 내게 있어 당신은

118 부르고 싶은 이름
119 나의 전부
120 중년
121 그대와 함께

1부

이렇게 깊어 버린

긴 밤을 열병으로 새고

꿈틀거리는 혈관으로

푸르름이 다가오는

봄의 여명이여

임 마중

어느새
그대 숨결에 묻혀
긴 밤 가는 줄도 모르고
뜬눈으로 지샌 밤

화사한 임의 미소 같은
환한 햇살이 창에 비추면
잃었던 밤을 툭툭 털고

이렇게 이른 날
아지랑이 살포시 밟으며
봄 마중 하련다

그대는 목련

목련은 봉오리가
순백의 청초함으로 터지지만

잔바람에도 꽃잎은 꺾이고
검버섯 잔뜩 끼어
흉하기도 하다

너를 보노라면
인간의 짧은
생을 보는 듯하니

순백의 목련
나이 들어가는

나를 보고 있구나

안부

가끔 길을 물어
이곳을 찾는
나그네에게

임의
소식이라도 전해 들으면
실낱같은 미소로
그리움 달래며

산새들 날개에
내 소식 조금씩 전하면서
나는 이곳에 살련다

어머니의 망각

보고 싶다
사랑한다
예쁜 말씀만 하시던
고운 나의 어머니

깜박이는
신호등 아래
길을 잊으신 채

손등
굵은 주름만
세고 계신다

고도

고도에는
시간도 없고

해독되지 않은
상형문자와
곰팡이만 있다

그 속에
나 또한

화석이 되어간다

시인의 하루

아직도 노련하지 못한 필력
금속이 부딪치는
날카로운 음보다

연필에 묻어 있는
청초한 소리를 내지 못하지만
가난한 시인이라도 좋다

정의롭지 못한 일에 물들지 않는
그런 삶을 살고
그런 시를 써야 한다

배 속에서 들리는
맑은 소리를 탓하지 않고
새벽에 내린 이슬의 영롱함에
그때쯤이면
나에게도 날개가 생겨나리라

담쟁이의 희망
-삶의 현장에서

한치도 전진할 수 없는
수직의 절벽
신발끈을 불끈 조여 맨다

하늘도 반쪽만 보이는
절벽 앞에 생명줄을 던진다

이제는
위로 오르는 일만 남아 있다

불모의 벽
푸르름으로 채우고 채워
세상에서 가장 푸른
산 하나 만들겠다고

감전

소리 없이 내리는 물방울
내 가슴 한쪽에 비어진 공허
그곳에 웅덩이를 만든다

빨갛게 타는 정염에 불을 끄랴
내리는 빗물이 기름으로 변해
빨간불의 바다가 된다

너와 나 감전시킬 듯이
온 몸뚱이에 모공으로 스며든다

세상에 내리는 비를 모두 맞는다 해도
젖어들 것 같지 않은 날
그렇게 타버리고 싶다가도

오늘 문득 누군가의
뜨거운 우산이 되고 싶다

비와 그리움

가슴을 비워놓고
사랑을 해 본 적 있는가
눈물이 되어 본 적 있나

비의 건너편에
무지개가 피는 것은
비의 눈물이고

햇살 품은 이슬은
풀잎의 눈물이지

눈물 없는 가슴에는
꽃이 피어나질 않는다

진정 아름다운 꽃은
그리움 안의 눈물 속에 핀 꽃이니깐

이름 없는 돌

돌 등에 새겨진 이끼에
넓은 초원이 되기도 하고

작은 눈금 하나도
가볍게 보지 마라

바람은 얼마나 많은 날을
돌 위에 몸을 부딪쳤겠는가

바람이 지나간 자국에
돌의 살이 된 까닭이
거기 있느니라

우리 어머니

늘 따뜻하고
항상 베풂을 하시고
단아하신 성품은 한 송이
고운 꽃이었습니다

인생의 고단함을
슬기롭게 떨쳐 내시고
많은 자식 눈맞춤은
한결같았습니다

어머니, 우리 어머니 생각에
나이 먹은 이 자식
남편이자 아빠여도
늘 어머니 품이 그립습니다

3월 강에서

물 머금은 대지와 파란 하늘
눈이 부신 햇살을 채찍하는
나는 살아오면서 너무 많은 말을 해왔다

내 입으로 쏟아낸 말도 나를 배반하고
가슴으로 새겨 쓴 말도
여리고 순한 사람들을 미혹게 하였다

3월의 강물은 몸을 풀어 굽이굽이
입김이 머무는 곳마다
초록으로 몸에 새기고 있다

풀잎에 한 방울
물이 되어본 일이 있는가
내 몸속에 대지의 위대함은
굳어 있는 내 몸 푸르게 일어서고 싶다

낮잠

5월 끝자락
녹색에 짙은 나뭇잎 사이로

불어주는 바람에
한낮 길게 드러눕고 보니

코끝에 스며오는 바람은
오장육부를 돌아

오대양 육대주를 나르며
묵은 피로를 풀어준다

여명

밤새 잠 못 들고
뒤척이다 맞이하는
푸른 여명이여

다시는 샐 것 같지 않게
무거운 고요와
검은 어둠만이 있던 밤

이렇게 깊어 버린
긴 밤을 열병으로 새고
꿈틀거리는 혈관으로
푸르름이 다가오는

봄의 여명이여

아침

어둠이 구름을 열고
바람이 말없이 길을 열어주니

아침 햇살 듬뿍 안으며
이슬 머금은 보석 같은
눈부심으로 호사를 누려 본다

가슴으로 견뎌낸
숱한 날들
오래 묵힌 세월
바람으로 보내버리고 나니
태양이 수줍은 듯 얼굴을 내민다

그리움

나갈 수 없는 깜깜한 감옥에
내 마음에 그대를 감싸 안고

나의 영혼靈魂이 눈이 멀어
그대의 향기만 느낍니다

사랑하면 행복의 문이 열리고
삶의 희열이 충만하게 되리라

갇혀버린 나의 삶의 의미
사랑의 길을 가는
끈끈한 애정愛情의 흔적을
남겨본다

기분 좋은 하루

파란 물감 부어 놓은 하늘가에
구름 사이로 당신 얼굴 보이면
무조건 행복합니다

수평선 저 멀리 맞닿은 곳
무거운 몸 가벼이
날아오를 것 같습니다

짙은 녹색의 계곡마다
새 소리 바람 소리에
반가운 그 목소리 들립니다

당신을 생각하면
왠지 기분이 좋아 행복합니다

상사화

누군가
나를 그립다고 말해 준다면
내가 앓고 있는 상사병에

열병으로
밤을 지새웠을

분홍으로 얼룩진 그 마음에
연둣빛 봄의 향연으로

살포시 식혀 주고 싶다

그리움의 수채화

흩어진 상념 조각
한 줌 주워 들고

엉거주춤 가서는 안 될
목이 말라 갈망하는
본능의 힘찬 볼륨은

끝내 가리지 못한
새벽의 수채화입니다

자부심

판교 테크노밸리라는 곳에
모 회사 사옥 공사를 한다

조감도가 멋지고 아름답다
하지만 내가 손을 대었으니

하자 없는 건물
품질이 제일 좋은 건물

사진보다 실물을
더욱 아름답게 지을 것이다

자화상

붉은 저녁은 어둠에 물들고
기억 저편 하나둘 지워지면

못다 한 생이 어찌 아쉽지 않겠냐마는
스치는 바람의 날개로 꿈길을 걷고

눈부신 하늘을 가벼이 날아간다면
가난한 삶이 가난한 시가
어찌 부끄러울까만

한세상 이곳에 머물다감을
어찌
애달프다고 하리오

가난한 시인의
소주 한 잔에

어느 봄 길

꽃바람 향긋한 뒷산에 앉아
동구 밖 먼 곳을 내다보니

나풀 꽃잎 한 줌 털어
바람에 실려 가고

아물 가물 피어오르는
아지랑이 환영일 뿐

민들레 꽃씨가
조붓한 길 지나 허공을 지날 때

이렇게 그리운 가슴엔
입술 부르튼 꽃잎이

새록새록 내려앉고 있다

2부

건물이 많아도 건축가들의 손에

멋진 작품들이 조화를 이룬다

낮에 태양이 떠 있고

밤엔

달도 별도 떠 있더라

동해의 일출

정면에서
피어오른 불덩이

직방으로
한 대 얻어맞고 나니
얼얼해진 눈

온종일 동해의 바닷물에
헹구어 보았지만

아직도 그 불덩이
내 몸속에서
꿈틀거리고 있다

여름 바다

감청색 물결이

하얀 오선지를

그리고

그 위에

구릿빛 싱싱한 젊음

음표로 뛰놀고 있구나

나리꽃

반백 년 살아오면서
좋았던 사람도 소중했던 사람도
함께 하고 싶었던 많은 인연

나를 바라봐 주는
널 그 자리에 홀로 두고
한참을 서성이며 돌아서다

옅은 미소 살포시
간지럽히듯 내 손끝으로 스친
청순한 여인

또다시 만날
굳은 약속을 남기며
다시 만날 재회로 서로를 달래 본다

너를 기다리며

오늘처럼 새벽 안개비 내리면
테라스 덩굴 화분이 매달려 있는
그 집에서
너를 다시 볼 수 있었으면

그동안 얼마나 변했을까
말없이 웃어주기만 해도
나는 한없이 행복하겠다

서로의 약속도 없으면서
저만치서 다가오고 있을 것 같은

창 넓은 그곳에서
항상 너를 기다린다

내 안의 그대는

지난 세월이 어디쯤인가
휑한 가슴에 따스함을 심어준
그리운 그대

곱디고운 그대 하얀 미소
지금은 어디쯤 있을까

햇볕처럼 따스해지고
한여름 소낙비처럼 시원하게
내게 다가온 그대여

유혹

그 약속 잊지 않고
수줍게 고개 내밀며 오겠지

해마다 그랬던 것처럼
발갛게 상기된 몸짓
웃는 모습이 그리워진다

달콤한 유혹에 손 내밀어 보지만
바람의 힘을 빌려 나긋한 머리를
가로저어 보이는

아련한 여인이여

이별 예감

아주 먼 옛날
가슴에 남아있던 흑백 사진처럼
그립기만 한 너의 잔상

이렇게 마주할 수 있는
늙어가는 나에게 보일 수 있는 건
얼마나 남았을까

숙명처럼 맞이해야 하는
슬픈 이별이 앞에 있기에

오늘
네가 보여주는 미소가
참으로 너무나 아름답구나

무의도

봄꽃 피던 5월은 가고
어느덧
여름의 꽃 향이 짙어지는 7월

나 떠나리라
그리운 향기 찾아 멀리멀리

산과 들에 여름으로 접어들어
진녹색에서 청록색으로
걸쭉한 바다 냄새 진동하고

좁은 길모퉁이 산처럼 쌓아놓고
굴을 까고 있는
노인의 손길이 바쁜

그곳으로
그곳으로 나 떠나리라

그대 마음 안에서

하얀 구름
산허리를 감아 돌고
비라도 내릴 적에
거기 가보고 싶었는데

바람이 몹시 불어
하늘 날던 새들도 둥지 찾아
날개 쉴 적에

그런 날은
나조차
임의 품에 포근히 안기고 싶었는데

홀로 있어도 함께인 듯

손 내밀면 금방이라도
닿을 것 같은
내 눈길 머문 그곳

저 아래 내게 보이지 않는 강
그대 그리는 내 마음
발길 닿는 곳은 그대로인데

나를 반기는 네 모습처럼
나는 예전 그대로인데

공중에 떠다니는
외로운 내 가슴을 채우는구나

6월 아카시아꽃 필 무렵

실바람에
하얀 아카시아꽃
향기가 짙어지고

꽃잎이 흩날리던 날에
눈은 그 멀리 바라보고

마음도 크게 열어
그곳에 가려 했는데

그 작은 손짓
작은 몸짓은
가시에 찔려도

순백의 눈부심은 송이송이
알알이 맺히더라

약속

나 지나는 길목에
수줍게 피어있는 너
어디 가느냐고 물어봐 준다면

나 언제고 돌아오는 길에
한여름 뜨겁던 그 볕에
떨어진 꽃잎이 시들어간대도

흐린 달빛에 지워져 가는
빛바랜 너의 색깔이랑 향기도

바람에 날려 정처 없이 떠날
꽃씨가 되어 흩어진대도

그런 널 말없이
그냥 바라봐 주마

당신의 흔적

오늘도 나는
저무는 해 바라보다
그대 오시는 날인 줄 알았어요

하늘을 수놓은 별 바라보고
우리 함께했던
많은 이야기 헤아려보며

첫닭 우는소리에
깜짝 놀라 그대 기다리다가
이 밤 가는 줄 몰랐어요

열린 문밖 발걸음 소리에 놀라
열어본 창에는
환한 햇살이 눈부시게 밝아오네요

천년 후

나쁜 것은 물에 새겨 흘려보내고
은혜는 돌에 새겨 천년을 본다

있는 만큼 덜고
없는 만큼 보태고

천년을 살 듯 하루를 살고
하루를 살 듯 천년을
살면 되지 않겠는가

천년 후
그래도 하늘이 아파
눈물이 흘러내리면

그때는
한잔 술에 가슴을 털며
살아가면 되지 않겠는가

어느 날

매일 널 항상 그리워했어
조용히 수줍은 미소가
오늘 유난히 보고 싶다

네가 그리운 날엔
그곳 그 자리에
서성이며 기웃거리고

우리 차마
미운 이별하였다면
좋을 걸 그랬어

눈 흘기고 돌아서는
너의 모습이라도 보았으면

외사랑

그립다기보다는 행복하다고
곁에 있을 때 해주지 못한 한마디

파란 하늘이 내 가슴속 답답함이
구름 속 같은 것을
이제야 알 것 같은데

나 너에 대한 사랑이
해 넘어가는 서쪽 하늘처럼
붉게 오름을 이제 알았으니

내 곁으로 돌아올 수 없어도
노을로 지우리라
빨갛게 지우리라
네가 내 곁에 없을 때

비 내리는 날

비가 내려 슬픈 밤입니다
멀어져 가는 그대 마음 바라보다

흐느끼듯이 내리는 빗방울에
내 마음도 함께 젖어가는 밤

빗소리가 슬프게 들리는 건지
기다릴 사람도
기다리는 사람도
모두 다 떠나버린 듯

내가 가야 할 곳도 갈 길도
굵은 빗줄기에 젖어
비 오는 슬픈 밤입니다

둥지

목마른 나그네 산길을 걷다
산새가 목을 적신 샘물을 보고

헝클어진 머릿속까지
물속처럼 맑게 하더이다

가던 길도 잃은 산속
샘물만 마시며 살고 싶다

산새들 벗 삼아
이곳에 머물고 싶다

산새가 둥지를 틀던
이곳에 살련다

새벽길

그 얼굴을 보려고
선잠으로 깬 아침
눈 비비며 찾아간
그대 가실 길목

행여 이른 걸음
나 먼저 지나치셨으면
어떻게 하나
바쁘기만 한 발걸음

한달음에 달려가 보니
기다리는 임은 간곳없고
이른 햇살에 시드는
노란 달맞이꽃만 섧게 보이누

칠월의 섬

햇살이 유리 조각으로
부서지는 칠월
붙박이로 앉아있네

소나무 가지 사이로
파도가 지나가고
매미 울음 멀리 파도에 밀려간다

몸은 게을러 가만히 두고
귀만 쫑긋 열어 놓으니
어느새 바닷물 밀려와
아득히 물속에 잠긴다

세상 소리
가물가물 멀어지니
나는 이미 섬 속에
묻혀 있구나

패선

금방이라도
부서져 내릴 것같이
페인트가 벗겨지고

나무가 부서져
기둥이 으스러져
주저앉아 버릴 것 같다

바다 위 색도 예쁘게 단장한
배 한 척
보란 듯이 돛을 달고 있지만

언제라도 꺼져 버릴 듯
패선 한 척
나를 보는 듯하다

서울 하늘

낮엔 인구가 아무리 많아도
집은 찾아가고

차가 많아 매연이 심해 못산다고 해도
숨은 잘도 쉬고

건물이 많아도 건축가들의 손에
멋진 작품들이 조화를 이룬다

낮에 태양이 떠 있고
밤엔
달도 별도 떠 있더라

폭염

땀은 염치도 없이
등줄기 골을 타고 흐른다

안전모에 무거운 신발에
힘든 일하는 우리는
현장 일이다

용광로 같은 태양 아래
금방이라도 터져 버릴 것 같은
몸이 불타고
폭파 직전이지만

후들거리는 다리에 중심을 잡고
선 하나 부여잡은 우리는
불을 만들고 있다

장마

굵은 비가
달리는 창가에 빗물을 퍼붓는다

길거리는 순식간 강을 만들고
앞이 보이지 않지만
불어난 물은
작은 개천에 소용돌이친다

해마다 일어나는
비 피해가 없기를 바란다

누구의 변덕인가
더워 죽겠다는 사람들의
소리에 화가 많이 났나 보다

하늘은 화가 나 보이지도 않고
화가 났다는
확실한 표현을 하고 있나 보다

나를 닮은 바다

나란히 앉아
긴긴 이야기 주고받으며
하얀 물거품에
바다를 안으란다

나를 닮은 저 넓은 바다는
세상만사 뜻대로 되지 않아도
풀어 버리고
띄우고 흘려보내란다

나도 너처럼
나를 닮은 넓은 가슴으로
바다를 품어 보련다

8월

지구를 달궈버린
8월은 크고 작은 사건이
세계 각국에서 전해져 온다

코로나로 어려운 이 시국에
폭파 직전의
지구를 보는 듯하다

어려운 사람
노년 젊은이 가리지 않고
공격한다

곧 가을이 올 텐데
언제쯤 모든 것이 사라지려나

이 나이에

이룰 수 없는 사랑이기에
더욱 애잔하고 슬픔을 간직한다

누구나 한 번쯤
꿈꿀 수 있는 그런 사랑

하지만 때론
허무함과 기쁨이 교차하는 사랑

한 번 사랑에 빠지면
걷잡을 수 없는 사춘기에
질풍노도와 같은 사랑이라면

하지만 그 사랑이
스스로 선택한 후회 없는
사랑이라면
행복할 수 있으리라

가슴에 별 하나

별 하나가
내 가슴에 반짝이는
그대 눈물 앞에서
그리움 앞에서

내 가슴에 남아 살아 있는
그대를 그냥 그렇게 멍하니
하늘만 바라봅니다

수많은 별도
항상 뜨는 달도
제 위치를 알고
꼭 그 위치를 지켜오듯
나도 그렇게 자리 하나 지켜본다

너를 바라볼 수 있는 그 자리에서

인생 거울

매일 아침 기대와
설렘으로
하루를 만들어 가고 싶다

나의 반성을 위한
노력을 게을리하지 않게 하고

매사에 충실하여
무사안일에 빠지지 않게 하고

날마다 보람과 즐거움으로
충만한 하루를 마감할 수 있게
기도해 본다

시사문단 낭송회를 가족이라 한다

한 달에 한 번 만나
서로가 주고받는 안부가
덕담이 되고 웃음이 된다

발행인님 위주로 모여든
낭송가는
신뢰와 믿음으로 서로가 뭉쳤다

어려운 세상 시사문단 작가들의
놀이판을 깔아 주고

기량을 맘껏 펼칠 수 있도록
멍석을 깔아 주고
날갯짓에 삶의 희망을 준다

3부

당신과 나의 인연을

오색 빛으로 열어

새벽이슬처럼 아름다운

그 뒤에 우리가 있을 것 같아

희망 하나 걸어 놓고

이른 아침

아직 세상은 다 열지 못하고
엷은 안개 커튼 자락이
햇살로 열릴 즈음

난 너에게
지난번 올려다본 달빛 언저리에
달무리 같은 목소리를 보낸다

지난밤에 꾸었던 사랑의 꿈
결국 꿈이었기에
더없이 아픈 가슴

그런 나의 곁에
또 다른 꿈으로 이어질
나와 함께 하려나

가을을 만난다

젊어 한때
품었던 푸름 꿈도

서투른 오기도 자만도
모두 내 것이었거늘

익어간다고 억지 부려도 될
나이가 염치없지만

만산홍엽滿山紅葉의
눈뜬 아침이 행복하고

나 또 한 번의
가을을 만난다

그대 가거든

내 모습 안 보이는 날
사람 많은 그곳에 가거든
한 번쯤 뒤돌아봐 주기를

시끄러운 그곳에 가거든
내가 부르는 시 낭송 들리나
귀 기울여 주기를

꽃 피어 흐드러진 곳에 가거든
꽃 속에 있을지 모를
나의 향기를 느껴주기를

산 넘고 먼 길 그곳에 가거든
가던 길 멈추고 한 번쯤 뒤돌아

나를 찾아 주기를

그대 곁에

오늘
너 있는 그곳으로 날아가련다
손 내밀면 잡힐 듯
가까이 있는 너이건만

나 오늘 네 곁에 날아
가고픈 마음 바쁘기도 하지
파란 동틀 녘에 떠나온 걸음
어둑녘이 돼서야 네 곁인가 봐

고단한 다리 멈춰
네 어깨 기대어 스르르 눈 감고
너의 고운 소리 듣고 싶다

나 이제 이렇게
네 곁에 있으련다
언제까지나

작은 출간식

오늘 천안에서 작은 출간식이 있어서
작고 알찬 출간식에 다녀왔습니다
출간식 주인공인 박향숙 시인과 정순옥 시인
황재현 시인 강분자 시인 그리고 나
서로서로 격려해주고
함께 칭찬해주는 뿌듯한 출간식이었습니다

출간식이 끝나고 청주 세성산
황재현 시인의 해찬솔 농장에 들러
뒤풀이 겸 낭송도 하고 즐거운 시간이었습니다
함께하신 시인님들 감사합니다

코로나로 인해 많은 분이 함께하지 못해
아쉽기는 하지만 어쩌겠습니까
좋은 날이 오면 함께해요

오다가 정순옥 시인이 사는 동탄 신도시에 들러
맛집에서 초밥으로 한가득 배를 채우고
강분자 시인 모셔드리고 저도 무사히 집에 도착했습니다

낮달

함께 있어 보려고
다가서면 저만큼 물러서 간다
뒤돌아가면 뒤돌아오는 너
꼭 그만큼 그 자리에 네가 보인다

하얀 자작나무숲 골짜기 하늘가
희끗희끗한 구름 사이에 새침한 척 그윽한 척
바라보는 네 눈빛은 바삐 넘어야 하는데
닭목령에 걸려있구나

점점 흐려지는 오후 하늘가
아무도 관심이 없는 달빛의 잔상
하늘빛에 희석되어
흐려져 가는구나

*강릉시 왕산면 대기리 (노추산 모정 탑 가는 길)

너에게 가고 싶어서

당신의 하얀 순수 앞에 서면
괜스레 초라해지는 나를 봅니다

하얀 호수 위에 떠 있는
백조를 보듯 당신 앞에 서면
부끄러운 나를 봅니다

하늘 나는 새로 한 송이 꽃으로
순백의 눈으로 다가오는
당신 앞에 서면
난 언제나 초라합니다

눈부신 당신 앞에 서면
갈잎처럼 까칠한
나를 봅니다

그대를 놓으며

그렇게 짧았던 시간
따뜻한 눈길을 염치없이 받았지만
소중했던 당신을 이제는 놓으렵니다

굳이 말하진 않았어도
오랜 친구인 양 많은 아량으로
나를 지켜주며 참 좋으셨던 당신을
이제 놓으렵니다

같은 하늘 아래 어두워진 이 밤
편안히 생각해도 좋을 사람
그 사람만을 생각하면
공감하는 미소가 피어나는
귀한 당신을 이제 놓으렵니다

도시의 고독

도시엔 어둠이 내리고
휘황한 네온 불 아래
사람은 강물처럼 흘러 다닌다

사랑을 찾아 나선 사람일까
할 일을 잃은 사람들일까
표정 없이 흩어지는 것만 같다

그 자리에 멈춰서서
거리를 바라보고 있노라면
왜 저리도
무표정한 사람들만 다닐까

가슴속 사랑 없이 표정만 웃고
차가운 입으로 말만 하지
그렇게 바쁜 척 할 일 없이 흘러 다니다
흩어져가는 것 같다

별 그리고 나

까만 밤하늘에 뿌린 듯 흘린 듯
조용한 눈빛은
말을 하지 못하는 많은 그리움
가까이 있어도 있는 듯 없는 듯
손짓하지 못하고
혼자 하는 속삭임

따스한 듯 차가운 듯
깜빡거려도 다가서지 못하고
바라만 보는 눈빛

이 밤이 다 지나
파란 여명이 와도
머무를 듯 떠나갈 듯

아픈 이별 재회

어떤 말을 한다고 해도
말로 다 할 수 없는 이별의 아픔

그 자리에 그냥 두고
뒤돌아보면서 떠난 내 발걸음
벌써 일 년이 되었구나

이별이 슬퍼서 우는 게 아니라
널 그 자리에 놓아두고
돌아서야 하는 발길
그 맘이 아파 흐르는 눈물이었어

그때는 어쩔 수 없는
잠시의 아쉬운 기다림일 뿐이라
생각했거든

그곳 무의도

산에 들에
색동옷 갈아입고
고운 자태 뽐내는 아름다운 섬

작은 포구 나들목엔
갈매기 길 찾아주고
관광객 발길 부여잡는 조용한 섬

국사봉 호롱 국산이 바다를 지배하며
어부와 농민의
안전을 지켜주는 살기 좋은 섬

신이 살았을 신비함의 그곳
촬영지로 유명한 곳
어족자원이 풍부한 멋진 섬
그 이름은 무의도

그대 보내고 긴 세월

지난 그 전철역에서
우연히 당신의 뒷모습을 보고 난 후
그동안에 인내도 아무 소용이 없이
무너져 내리더군요

당신이 사라진 플랫폼 끝까지
글썽이는 눈물조차 털지 못하고
한참을 바라보았지요

그 아픔도 눈물도 말리고
한 구석 한편에 밀어두려고
생각에 또 생각도 많이 해 보았지요

아주 오래된 종이 위에
떨어져 번진 잉크 한 방울처럼
아주 잊는다는 건
그리 쉽게 허락되지 않기에

대나무

바람 한 점 없는 하늘에서
댓잎이 파르르 떠는 것은
가지 끝 지나가는 바람
만져보고 싶어서입니다

아슬한 우듬지가
너울 비질을 하는 것은
세상 온갖 오염 말끔히
쓸어내기 위해서입니다

마디마디 가슴을 비우면서
꽁지발로 일어서는 것은

세상 소리 귀를 막고 空의 가슴 있다는 것
보여주기 위해서입니다

지히로 내려가면서도
매듭 하나 감추는 것은 그래도 세상인심
엮어가고 싶어서입니다

중년의 고독

그의 뜰은 언제나
싸리비 자국이 줄눈처럼 선명하다

현관에는
가지런히 벗어놓은 한 켤레 신발

가끔 내 그림자 바람과 함께 다녀가
댓잎 두어 장 안부로 두고 간다

책상 위에는 손때 묻은 한 권의 시집
아직 식지 않은 차향
노후의 한 몸이 그 앞에 앉아 있다

언제나 그처럼 가볍게 살아야 하는데
나는 왜 속세의 무게에 못 이겨
무겁게 살아가고 있는지

만추

몸 닲은 화냥년들이
거리를 온통 물들이며
골목골목 휘젓고 다닌다

아무 곳에나
벗어던진 울긋불긋한
팬티 조각들

비라도 한줄기 내리면
가벼이 사라질
바람보다 가벼운
저 순간의 광란들

알밤 한 톨

하늘에서 알밤 한 톨이
툭! 소리를 내며 떨어진다
우주만큼 무게의 존재가
지상으로 몸을 던진다

한 톨의 알밤 속에 빈틈없이
혜존이라 씌어 있다
밤나무가 지상으로 내려보낸
한 해의 노작

그런데 나는 아직도 그런 여물은
혜존 하나
써보지 못하고 있으니

현장

나에게 현장 일은 삶이다
언제까지 하게 될지 심히 걱정이 앞선다
내가 할 수 있는 만큼은 해야 하는데

며칠 전 바로 옆 현장에서
인사사고가 발생하였다
절대 남의 일만은 아니다

이런저런 생각에
요즘은 심히 고로워 잠을 많이 설친다

가을 산 바다

가을 바다는 맑아 보인 만큼
차가워 보인다
하늘도 높을수록 차갑게 보인다

그래서 산이나 바다도
가을이면 온몸에 불을 붙이나 보다
나도 요즘 눈도 가슴도 식어 있다
맑은 피가 체온을 빼앗아 먹고 있나 보다

산속과 바다에 몸을 대어보아도
산도 바다도 식어 있었다

내가 가슴에 사랑을 품고 있으면서도
늘 차가운 것을
산과 바다를 보고 이제야 알았다

맑다는 것은 그만큼 차고 시리다는 것을

이별의 계절 끝자락에서

피멍으로 얼룩져 있던
색도 흩어지고
이렇게 이별 앞에
다시는 볼 수 없을지 모르지만

빛처럼 흘러버릴지 모를
의미 앞에 프리즘 하나
걸어 놓겠습니다

당신과 나의 인연을
오색 빛으로 열어
새벽이슬처럼 아름다운
그 뒤에 우리가 있을 것 같아
희망 하나 걸어 놓고

그렇게
당신을 보내려 합니다

그대의 환상

뿌연 담배 연기에
잡힐 듯이 멀어지는
그대의 그림자가
술잔에 담아 아른거리는
모습으로도 남기를

지나쳐버린 꽃향기가
사라지기 전
마음에 담아 보아
진한 그리움에
손이 닿을 수 없어

술잔을 다시 보고
담배 연기만 실없이 뿜어 본다

새우구이

냄비 바닥에
굵은 소금 깔아 놓고

바다 냄새 가득 품은
새우가 온몸 다하여
사리 나올 것 같은

톡 톡 터지는 맛 있는
살점 내어 주고

사람 위해 희생하며
짜디짠 소금 불에
장렬히 익어 간다

참 좋은 사람

그리움을 가득 담아보니
편안하고 부드러운 미소의
당신 모습이 그려집니다

고즈넉한 강의 물안개 낀
아름다운 수채화처럼
한편의 감동을 내게 줍니다

꼭 만나지 않아도
바람과 구름이 함께하는
공존의 자리처럼
편안하고 참 좋은 당신입니다

운명과 합의

나를 변호해 줄
내 편 하나 없어도

당당하게 세상에 외치고
이제는
내가 나를 보호하며

더러운 운명과
합의를 봐야겠다

4부

그저 쫓기며 살아온 인생

잠시 내려놓고 이 순간이나마

마음속 여백으로 남겨두고

촛대바위

척박한 바위틈
다소곳이 앉아
하염없이 바다를 보는 그대

바람이 멎은 모래밭
은은히 날리는 향기가 어지럽다

저문 바다
촛대바위는 도도하고
뭍으로 오르는 파도 소리 끝이 없고

나는 예서
그대와 더불어 빈 잔을
채우고 싶다

술 한 잔의 미학

지친 해가 어스름이 산을 찾으러 갈 때
현장 사람들이 하루를 마감하는
발걸음이
꽤 바쁜 걸음이다

동전 몇 닢이 주머니에 딸랑거려도
어느 산사의 풍경 소리와 비교할쏘냐

퇴계 님의 거룩한 혼을 빌려 얻은
사람의 심성보다 맑은 소주 한 잔의
그 푸른 향 속에

그리고 나의 나른한 하루가
또한 지워진다

전깃줄을 타는 인생

내 목숨을 저당 잡혀 놓고
한 걸음 두 걸음 디딜 때마다
천당과 지옥을 경험했지만

이 줄을 놓고 나면
목구멍이 포도청 되고

이 줄을 잡아야 하는
노년에 접어든 늙은 몸 힘에 부치고

줄을 잡고 살아야 하는
현실에 삶이 버겁기만 하다

마음의 여유

창밖은 새하얀
흰 눈이 내리는데

내 마음엔
검은 비만 내리는구나

그저 쫓기며 살아온 인생
잠시 내려놓고 이 순간이나마
마음속 여백으로 남겨두고

조용히 휴식을 가져본다

나의 인생

그가 보고 싶어도
흐릿한 목소리라도 듣고 싶어도
그는 손에 닿지 않는다

세상에서 가장 슬픈 것은
보고 싶은 사람을 볼 수 없다는 것과
사랑하는 사람 앞에서
아무것도 아닌 것처럼
그를 조금씩 지워 간다는 것이다

흔히 사랑이라 묻고 있는 것은
생을 걸고 사랑하는 것이 아니라
그래 한번 사랑해 보는 거야

슬픔은 아픔 없이도 생겨나지만
사랑은 아픔 없이는
커지지 않는 것이다

나는 새가 되리라

세월 지난 아쉬움에 묻혀
먼 산 너머 휘적이며 떠나가는
나를 보냈나 보다

죽는 날까지 웃을 일이 없을 것 같아
그대에게 늙은 나를 보냈나 보다
젊어 한때를 그리워하면서

푸른 바다 수평선을 놀이 삼아
언젠가는 저 너머도 가보고 싶어
하얀 구름이 되어 나를 보내고

그렇게
나는 새가 되리라

함께 한다는 거

한 많은 추억
그 슬픈 가슴에 응어리
오늘 네가 나에게 보여준
따뜻한 눈빛에 녹아
고운 고드름이 열린다

언제까지나 한 짐
짊어지고 갈 뻔했던
그 감당하기 어려운 세월의 무게

네가 곁에 있어 함께 나누고 나니
이리도 가벼워지는 가슴
그렇게 언제까지나
나와 함께 있으려나

상부상조

어느 공정은 건물의 뼈대를 세우고
뼈대에 힘줄을 넣고
우리는 그 뼈대에
크고 작은 핏줄을 엮는다

작은 핏줄 하나에도
정교하게 설치가 되어야
튼튼한 건물 멋지고 아름다운
한 편의 작품이 탄생 되는 것이다

각 공정은 달라도
선시공 후시공을 맞춰가며
상부상조해야만
자부심을 느낄만 한
아름다운 작품이 탄생하는 것이다

생명의 멜로디

출근하는 현장에
아침 체조를 마치고 TBM을 실시한다
여러 번 강조하고

일보다 안전이 우선이고
이 현장에서 본인들이 다치면서 일하지 말고
건강과 본인 안전은 스스로 지켜야 한다고
그리곤 현장으로 들어간다

현장의 요란한 소리가 일터의 아침을 연다
쿵쾅쿵쾅
이 소리는 우리에겐 소음이 아니다
그저 일터의 리듬일 뿐이다
매일 있는 일이지만
오늘 하루도 이렇게 시작한다

지상이 꽃밭

밤하늘을 올려다보듯
밤 비행기를 타고 지상을 내려다봅니다
어지러웠던 기억뿐인 지상이 꽃밭입니다

하늘의 별 밭보다 눈부십니다
멀리 보이지 않는 세상만 우러러보며
함께 몸 섞고 사는 세상 침 뱉었던 것은
내 마음이 혼탁해서 그런 건 아니었는지 싶네요

가까이 보면 오염 아닌 게 있겠습니까
신들이 지상의 온갖 것을
선과 악을 고루 놔두고
멀리 굽어보기만 하는 까닭을 알 것 같습니다

지상의 저 불빛 누가 오염이라 말하겠습니까
멀리서 보면 지상도 하늘입니다

소나무

높은 산 중턱 위에
비바람을 막는 우직한 소나무

멀리 갈 수 없어도
뿌리가 깊은 든든함으로

하얀 눈 이고 지고 모진 풍파 안고서
날개 고단한 새들의 둥지가 되어
내 늙은 그늘이 쉼터가 되어

언젠가 하늘 높이 구름도
다리 걸쳐 쉬어 가는
고목나무로 살리라

그렇게 살리라

냉정한 도시

웃음기 잃어버린 이 거리엔
삶의 현장 전쟁

몸서리칠 무표정한
얼굴들 속에 있는
나는 더 많은 고독을 느낀다

온기 없는 차가운 이 거리엔
고개를 숙인 채 걷고 있는
차갑고 냉정한 도시에

바람이 불고 어둠이 내리면
길을 잃어버린

나는
어디로 갈까

해빙

몸의 집 속에 열두 개 빗장을 걸고
몸의 요새에
갇혀 사는 여인이 있었다

그녀가 임종하던 날
그 몸이 파란 강물이 되었고

살아오면서 안으로
감추어 왔던 눈물

그녀 무덤에서 무더기

눈물 꽃이 피어나기
시작한다

한파

한겨울 추위는
빌딩 벽 아스라이 달렸다가
예고 없이 뚝뚝 떨어지는
고드름의 미학이다

손톱 세운 동짓달 추위는
현장 일이 버거운
노동자들의 적이다
군불 지핀 아궁이
하얀 머리 세우고
굴뚝 타고 날아가니
뜨끈한 아랫목에 불러다
앉히고 싶다

나는 남자다

심성은 여리고 마음은 온유하고
세상 모든 근심 다 안고

지옥과 천당도 오르내렸지만
한잔 술에 털어 버리기도

사계절 이별을 했다가
재회하기도 수십 번이지만

진정한 하나의 마음은
수많은 별이 빛나고

내 품에서
엄동설한 한파도
가슴으로 녹이고
기다리는 봄엔 꽃도 피울 것이다

코로나19

세상천지
예고 없이 닥쳐버린 바람이

어린아이 노인 가리지 않고
세계를 휩쓸어 버리고

마스크로 입을 막아
예방 접종으로
몸을 덮어 놔도
불안하고 두렵기만 하니

신을 찾는다
도와주세요
살려주세요

영화라 해도
이런 장면은 없었다

인생 1

새벽 찬 공기를 마시며
손에 들려진 담배 한 모금
새하얀 입김과 함께 길게 내뱉어 본다

지나온 날들의 후회
세월을 돌릴 수만 있다면

삶의 공허함 짓누르는 중압감
가슴 한구석에서 자리 잡은 공허함
삶이 무거워 마음이 너무 아프다

품어버린 담배 연기에
한 번쯤은 내 뇌리를 스치는 아련한 추억

언제였지 나의 장래 희망이

인생 2

사랑하는 가족
나의 아내 나의 딸들
청량제 같은 존재

오늘 이 삶의 공허함을
말끔히 씻기기 위해
눈을 감아 본다

손가락이 뜨거울 정도로
타오르는 담배
내가 살아온 삶과 같을 것이다

어깨가 너무 아픈 줄 모르고
인생을 모르고 살아온 나

절대적인 삶 그리고 인생
한 모금 담배 연기로
날려버린 밤이 깊어 가는구나

한 잔 나누고 싶은 사람

아주 작은 소소한 이야기를 하고
손끝에서 전해져 오는
향기가 가득한
차 한잔을 나누고 싶다

들꽃의 향기를 품은 당신이라면
아주 재미없는 이야기에도
잇몸 가득한 미소로
대답해 줄 것 같은 그런 사람

진실 담은 작은 이야기도
박장대소로
답해주는 당신이라면
하루가 즐거울 것 같은

그런 차 한 잔을 나누고 싶다

내게 있어 당신은

내가 쓰러져도
언제나 받침이 되고
든든한 존재가 당신이었습니다

삶이 고달프고
먹구름만 끼어 있어도
그 미소에 하늘은 아름다웠습니다

내가 길을 잃어 헤맬 때도
돌아갈 곳이 있고
따뜻한 그 품에서
나의 하늘을 보았습니다

부르고 싶은 이름

까맣게 타들어 가는
저녁노을처럼
당신을 향한 그리움으로

어둠 속에 수 놓는
그리운 그림자가 있습니다

이루지 못한 사랑에
가슴을 치면서
다음 생에서
당신을 천만 번 부둥켜안고

꽃보다 더욱 아름다운
당신의 미소로 불어오는
바람결에 당신의
이름을 불러 봅니다

나의 전부

누군가의 일상이 궁금해진다면
그 사람이 생각나고
그리워지는 거야

무작정 내 마음속에
자리 잡고 있기 때문에
너 때문이야
너 때문이야

누군가를 위해
이 밤도 마음 하나
그 사랑이 나의 전부이기 때문이야

중년

어느 햇살 좋은 날
드문드문 돋기 시작한
하얀 머리카락을 바라보다

살면서 아웅다웅
긴 세월을 함께 보냈던
당신에게 새삼 눈물이 난다

잘해 준 것보다
못해 준 것만 생각나고
같은 주름을 공유하면서
긴 세월을 함께해준

당신밖에 없다
이 페이지에 확인시킨다

그대와 함께

매일 마시는 차 한잔에도
너와 함께 하고픔을
흰 구름에 띄워 보낸다

그대와 마시고 싶은
커피 한잔도 그리워지는 날에

시간이 지나고
세월이 간다고 해도
시간은 멈추어져 있지만
죽어도 지난 추억에 등 돌릴 수 없다

그림과책 시선 269

홀로 있어도 함께인 듯

초판 1쇄 발행일 _ 2022년 10월 14일

지은이 _ 신현철
펴낸이 _ 손근호

펴낸곳 _ 도서출판 그림과책
출판등록 2003년 5월 12일 제300-2003-87호

03924 서울특별시 마포구 월드컵북로54길 17 821호
     (상암동, 사보이시티디엠씨)
    도서출판 그림과책
전화 (02)720-9875, 2987 _ 팩스 (02)720-4389
도서출판 그림과책 homepage _ www.sisamundan.co.kr
후원 _ 월간 시사문단(www.sisamundan.co.kr)
E-mail _ munhak@sisamundan.co.kr

ISBN 979-11-90411-75-2(03810)

값 12,000원

이 책의 판권은 지은이와 그림과책에 있습니다.
잘못된 책은 교환해 드립니다.